L'ésotérisme décrypté par l'Hypnose

Christophe Pank

«*Acceptons de voir ce que nous ne comprenons pas*»

Sommaire

Introduction

SI tout n'était qu'une suggestion ? C'est une réflexion que je me suis faite suite à une conférence que je donnais au **magasin Symbiose** en décembre 2012, à Aix les Bains.

Je donne régulièrement des conférences sur l'hypnose et les thérapies alternatives.

Sur un sujet plutôt ésotérique, celui des vies antérieures, j'ai été impressionné par **les résistances** rencontrées.

Je m'attendais à une gêne de la part **des plus cartésiens** d'entre les auditeurs. Une vie antérieure n'est rien d'autre qu'une croyance ou un symbole pour beaucoup.

Paradoxalement, ce sont mes amis du monde des énergies que j'ai vu virulents.
J'ai rapidement compris que le monde de **l'hypnose dérangeait** aussi dans ce milieu là.

L'hypnose est un système qui permet, au travers d'une transe, la **mise en communion entre l'esprit conscient et subconscient**.

A mes yeux cette méthode est un moyen concret pour expliquer de nombreux phénomènes du monde ésotérique. Ces explications peuvent **remettre en question de nombreuses croyances.** C'est pour cette raison que le milieu est aussi virulent à ces démonstrations.

J'ai évolué pendant plus d'une quinzaine d'années dans l'énergétique et j'ai eu la chance de vivre de nombreuses expériences assez extraordinaires.

La rencontre avec la PNL et l'Hypnose a été un excellent **trait d'union** pour moi. J'ai pu comprendre de nombreuses choses qui pendant des années étaient restées en suspens.

J'ai travaillé de nombreuses fois en **magnétisme**, très certainement plusieurs milliers de fois.

Je me suis posé des centaines de questions quant à la véracité de ce que je mettais en place. Je voyais des retours très intéressants, des changements à la fois physiques et psychiques chez mes clients, et pourtant je continuais à **avoir un doute**, non pas sur les phénomènes, mais sur l'explication.

J'ai eu la chance de grandir dans une famille très rationnelle, qui en plus ne croyait pas le moins du monde au magnétisme.

Alors que je leur expliquais que je n'avais qu'à poser mes mains pour calmer des maux, j'avais le droit à quelques sourires.

Je pouvais donner des explications avec le principe des chakras, le principe des énergies du corps, du Chi, du prana, dans une société occidentale avec nos codes, nous pouvons clairement dire que **ça fait doux illuminé**.

Quand j'ai compris certains rouages de l'hypnose et surtout que je pouvais **obtenir des résultats quasi similaires** en utilisant des transes, j'ai commencé à **croiser les systèmes**, et surtout à expérimenter.

Avec les années, j'ai constaté que nous pouvions donner un **éclairage différent** sur ce que des livres expriment avec des mots compliqués, avec des initiations abstraites, avec des dons héréditaires.

Nous sommes tous parfaitement capables de faire des choses incroyables. Pas besoin de pouvoirs, d'ascèse ou de prières mystiques. Un travail sur soi et une reconnexion à nos capacités sans limite peut réellement donner des résultats similaires.

Je ne remets pas en cause les systèmes et les techniques qui existent, ni les doctrines qui les proposent.

Je souhaite simplement vous **proposer un filtre différent,** un autre chemin de réflexion. A mes yeux il n'y a pas de vérités, **nous pensons juste le monde avec les suggestions que nous avons consciemment ou inconsciemment acceptées.**

Bon voyage.

Avant Propos

Je vais proposer dans les pages qui suivent **une perception,** une suggestion d'explication de différents phénomènes. Je ne remets pas en cause ce que vous avez vu, vécu, pensé.

Je respecte le chemin de chacun, et ne souhaite pas venir avec un nouveau dogme, celui de l'absolue vérité de l'Hypnose.

Je vais **jouer un jeu**. Ce jeu est de donner des explications au travers de mes tests.
Je présenterai mes expériences au travers de différentes disciplines que j'ai pratiquées et rencontrées jusqu'à aujourd'hui.

Je vous donnerai **une des explications 'possibles'** avec la vision plutôt ésotérique, puis la même explication avec la notion de subconscient et de Transe.

Définissons ma vision de l'Hypnose. C'est une discipline et un état qui se vit au travers de transes, qui **permet de lier le conscient au Subconscient**. Pour y parvenir nous contournons le facteur critique du conscient, qui fait barrage à cette communication.

Tout le monde peut entrer dans des transes, nous en vivons quotidiennement, lorsque nous sommes 'absent' où la tête dans les nuages.

L'hypnose ne construit pas un état nouveau, cette discipline permet de retrouver ce que vous connaissez depuis que vous êtes né. D'ailleurs les enfants avant 6 ans sont considérés en transes hypnotiques **constamment** parce qu'ils n'ont pas de **facteur critique.**

Dans cet état de transe, il y a un lien et **une communication du conscient avec le subconscient**, en somme un rapport entre le cerveau gauche et le cerveau droit. Nous développons des capacités que consciemment nous ne sommes pas capables de mettre en place. Par exemple, développer une force extraordinaire, retirer des douleurs instantanément...

L'Hypnose est souvent exprimée comme un état passif, ce qui n'est pas le cas. Si vous regardez des transes pendant des séances, de nombreuses personnes parlent normalement et agissent beaucoup. Il existe d'ailleurs une hypnose de conversation qui est très utilisée en négociation, c'est pour dire à quel point **cet état est naturel sans sommeil.** Maintenant prenez plaisir à cette comparaison, n'hésitez pas à me contacter, je serais ravi d'échanger avec vous. Pank

Qu'est-ce que c'est :

Le magnétisme peut se diviser en deux courants :
- Les rebouteux et magnétiseurs qui utilisent leur propre énergie ou travaillent avec des invocations
- Les 'healers' qui transmettent en se connectant à une énergie 'universelle'.

J'ai eu la chance de croiser des rebouteux et des barreurs de feu. J'ai été marqué par le fait qu'**ils ne veulent pas enseigner et qu'ils estiment que c'est un don qu'on leur a légué.**

Ils imposent les mains et calment des douleurs en quelques minutes.
Pour ce qui concerne les rebouteux, certains utilisent des manipulations mais beaucoup ne font que des passes.

Les séances sont très 'mystérieuses', il y a **une ambiance**. On sait que l'on va chez le rebouteux. D'ailleurs, même si on n'y croit pas on est obligé de **se poser des questions** quand on a pris un rendez-vous.

Ce type de discipline est d'ailleurs en fin de chaîne, quand les clients ont tout essayé avant.

Une personne qui ne croit en rien, n'ira jamais voir un rebouteux.

Par essence, c'est qu'**on a un espoir de s'en sortir**, la fameuse pensée magique. Un peu comme les personnes qui passent à Lourdes dans l'attente d'un miracle.

Explication par le Filtre de l'Hypnose :

Pour moi, les magnétiseurs qui travaillent avec 'leur' énergie et qui incluent des prières et autres, mettent en place tout **un rituel.**

Que nous le voulions ou pas, nous avons une **notion d'attente**. L'attente est un point très utile en hypnose, d'ailleurs les communicants savent très bien l'exploiter.

Si nous faisons un teasing d'un film ou d'une annonce, nous sommes certains de créer, dans l'esprit des personnes intéressées par le sujet, **d'énormes spéculations**.

Reprenez l'effet d'annonce que le PDG de Free a fait, tout le monde attendait de connaître les tarifs de ses abonnements.

Nous sommes tous des spéculateurs quand nous ne savons pas ce qui peut arriver. Ne vous est-il jamais arrivé de vous faire des films quand une personne que vous attendez a un **gros retard** et que vous n'avez pas de nouvelles. Il est possible que vous fassiez des **scénarios incroyables dans votre tête.**

Cette attente a donc une faculté de **contourner le facteur critique**. Quand vous êtes en train de vous interroger sur ce qui va se passer ou pourra se passer, vous établissez un ensemble de possibilités allant du plus logique, je dirais critique, au plus farfelu.

Une fois que vous dépassez la notion 'logique' et que vous **admettez l'impossible** (dans la définition de tout un chacun), vous entrez dans un **état de conscience modifié,** donc dans une **transe d'acceptation.**

Toute personne gravement malade qui a tout essayé et se tourne vers un rebouteux, y va parce **qu'elle a vu, lu ou entendu qu'il y avait eu des 'miracles'** grâce à cette pratique.

Elle ouvre donc la porte des possibilités de son pouvoir de guérison.

Dans tout l'ouvrage lorsque je parle du **pouvoir de guérison,** je parle de cette capacité physique d'un corps de **retirer certaines pathologies,** de faire faire des choses que la 'norme' n'accepte que comme exception.

Dans mon discours avec l'hypnose, considérez, qu'en aucun cas, la guérison ne vient d'autre chose que des **capacités inhérentes du corps à se comporter en bonne santé.**

Une fois chez le rebouteux, nous avons des **émotions variées.** Les émotions se situent dans la **partie subconsciente** de l'esprit.

Volontairement pour vous rendre triste ou vous mettre en colère, vous êtes obligé de **'retrouver' ce vécu,** de le mimer ou de le faire ressurgir, donc vous vous connectez à cette partie de vous.

Nous sommes donc **en état de transe avant même que la séance ne commence.**

Même les plus rationnels sont dans ce cas. J'ai remarqué que souvent les plus en 'résistance' sont en train de rire constamment, ou n'arrêtent pas de bouger sur leur chaise.

Une fois en place pour la séance il y a souvent **un cérémonial,** ce moment est souvent pleinement incompréhensible pour le client.

C'est ce que l'on nomme **une confusion**. Cette méthode permet de **passer l'esprit critique** dans un premier temps.

Si je chuchote des prières et que je souffle entre mes mains après les avoir frottées, vous allez tenter de comprendre, mais rapidement vous allez **lâcher votre rationnel et devenir un observateur**. Vous savez ces observateurs, le regard fixe, en train d'observer sans plus de recherche intellectuelle. Ce qui est très bien parce que vous entrez dans **un lâcher prise**.

Cela est comparable à une **induction hypnotique**, souvent vous allez avoir les **sens saturés**, une odeur d'encens, des bougies pour certains, les sons des incantations, des souffles, etc... vous **serez saturé d'informations**.

L'induction par saturation est l'une des premières mises en place dans le monde de l'Hypnose.

La confusion a une seconde fonction, celle d'**approfondir.** Plus nous lâchons prise, plus nous nous relaxons, nous ne tentons plus de contrôler et nous partons de plus en plus dans le **phénomène hypnotique.**

Plus on approfondit, plus on arrive à des phénomènes hypnotiques importants.

Je suis obligé de vous parler des phénomènes hypnotiques et des profondeurs de transes.

WARNING Cette partie est déterminante pour la compréhension du Livre WARNING

*Les **profondeurs de transes** : Dans tous les états il existe différentes normes. Prenons l'état de joie, nous pouvons juste être content, puis heureux, puis joyeux, voire euphorique. Nous pouvons toujours classifier de manière différente.*
En hypnose je me réfère à la classification des profondeurs de la National Guild of Hypnotist. Il y a 5 niveaux :
- Transe Légère
- Moyenne
- Profonde
- Somnambulique
- Hallucinatoire

Tout le monde peut avoir des transes, seulement chacun va descendre à **des niveaux différents**.

D'expérience j'ai vu qu'en fonction du contexte : en cabinet, dans une soirée, chez un client, chez un ami, en vacances, pendant l'heure du repas... une même personne ne va pas aller aux mêmes niveaux.

Il suffit en plus que la personne soit en stress, qu'il y ait du bruit, du monde ... et on ne sait jamais à quel niveau elle va **accepter de descendre**.

On n'impose rien dans l'hypnose, c'est comme un réseau de téléphonie, certains sont **prêts à communiquer** avec un réseau en H, d'autres en 3G et d'autres en 4G. Le contexte et le moment permettent une bonne ou une moins bonne connexion.

C'est un point important que je conseille de garder en tête pendant tout le livre. Il peut y avoir des disciplines ésotériques qui **vont bien fonctionner avec certains et pas avec d'autres,** ou un jour et pas un autre, certainement parce que leur profondeur n'est pas suffisante pour le résultat escompté.

Ces résultats sont perceptibles par les phénomènes hypnotiques.

Les **Phénomènes Hypnotiques** : A chaque niveau de transe, il y a des phénomènes qui y sont associés. Ces phénomènes, si vous êtes issu du monde ésotérique, vous les avez peut être déjà vécus dans différents rites, focalisations, séances ou autres. Les Voici :

1. Transe Légère : Catalepsie mineur.

La catalepsie est le blocage d'une partie de notre corps. Quand vous êtes phobique, la vision de l'objet de la phobie vous paralyse, vous êtes incapable de faire le moindre mouvement.

C'est une catalepsie, celle-ci est majeure. La catalepsie mineure peut être l'impossibilité d'ouvrir ses yeux quand on est à peine sorti du sommeil, ou l'inverse, rester les yeux ouverts sans cligner pendant un long moment.

2. Transe Moyenne : Catalepsie Majeure.

Lors d'un Spectacle d'Hypnose, lorsque vous voyez une personne, le corps rigide, posée entre deux tréteaux, c'est une catalepsie Majeure.

3. **Transe Profonde** : Amnésie.

Quand vous n'arrivez plus à vous souvenir d'un code que vous faites couramment ou du nom d'une personne. Vous entrez de manière éphémère dans une transe Profonde. Vous remarquerez que vous êtes souvent «confusionné» d'informations.

4. **Transe Somnambulique** : Anesthésie.

Votre corps est complètement insensible à la douleur. Quand vous vous faites des bleus et que vous vous en apercevez plus tard et qu'à partir de ce moment seulement vous le sentez. Vous êtes passé par une phase somnambulique. D'ailleurs il y a de nombreuses opérations chirurgicales qui sont faites sous anesthésie hypnotique.

5. **Transe Hallucinatoire** :

Vous percevez des choses qui ne sont pas là, ou inversement, vous ne percevez pas ce qui est là. Il vous est probablement arrivé d'être certain de voir quelque chose que personne n'a vu à côté de vous. Ou au contraire vos clefs qui se trouvent devant vous, sont invisibles le temps que vous retourniez toute la maison, pour réapparaître comme par magie.

Vous comprenez bien que nous entrons constamment dans des transes hypnotiques.

Ce ne sont pas des transes longues, parfois ce sont juste quelques secondes de communication, entre le conscient et le subconscient, qui désarçonnent un peu notre logique, parfois ce sont des heures entières.

Notre rebouteux va donc commencer sa séance. En fonction de **notre niveau de transe** nous allons pouvoir vivre des phénomènes divers.

La communication entre le conscient et le subconscient ouvre l'esprit à **l'acceptation des 'suggestions'** de façon décuplée.

Imaginez un enfant à qui vous enseignez que le football se nomme basket ball, il ne prendra l'information que de la façon dont vous lui apportez. Le facteur critique étant absent. **Chaque explication se transforme en suggestion.**

Par conséquent, nous pouvons considérer les transes comme **un dialogue avec un enfant**, non pas neutre, sachant que le conscient est mûr, mais qu'il cherche son chemin dans la diversité. **Si une voix se fait plus claire, alors il écoute cette voix.**

Le rebouteux travaille également avec **une intention.** Celle de faire du bien et de 'guérir' son client. Il y a en hypnose ainsi qu'en PNL un phénomène de **Synchronisation**, qui permet de faire passer des émotions, des sensations et même des pensées au travers d'un mécanisme d'écho, le corps, le timbre de la voix, le rythme tout se **met en osmose**.

Si le rebouteux touche, les corps entrent encore d'avantage aux mêmes rythmes. Faites le test, touchez une personne quelques minutes en lui parlant et vous remarquerez que vous commencez à avoir le **même rythme de respiration**.

Donc le client est dans **un état de Transe** avec cette **suggestion verbale, et surtout corporelle** de bien-être. Imaginez s'il descend en niveau 4 (Anesthésie), la douleur peut disparaître immédiatement.

J'ai moi même reçu pendant des années des clients qui venaient pour des douleurs. Avec certaines passes les douleurs s'atténuaient et disparaissaient.

J'ai eu des personnes qui avaient des douleurs chroniques ou des douleurs liées à des cassures, foulures, luxations, maladies graves, qui parfois en quelques minutes ne ressentaient plus aucun symptôme et cela durait sur le long terme.

Quand j'ai appris à anesthésier avec de l'hypnose, je l'ai d'abord testé sur moi, au point d'aller me faire soigner une

dent cassée sous la gencive. J'ai vécu l'intervention en auto hypnose sous les yeux interloqués de mon extraordinaire dentiste.

J'ai donc testé avec des clients et je retrouvais **les mêmes retours qu'avec le magnétisme.**

A ce moment là, on retire le principe de **don de guérison.** On pourrait peut-être simplement dire que **les Rebouteux sont de formidables hypnotists qui mettent les patients dans des Transes** suffisamment profondes pour que les suggestions verbales ou physiques fassent résonances dans le corps du partenaire.

Qu'est ce qu'un Healer ?

Revenons au second type de guérisseur. Celui ci est plus 'courant'. Enfin depuis une bonne décennie les Énergéticiens, Pratiquants de Reiki et d'énergie quantique foisonnent dans les annuaires de thérapeutes.

En effet depuis les années post 70, il y a de nombreuses **méthodes initiatiques** qui ont vu le jour ou se sont popularisées.

Faut-il y voir la fameuse phrase ' Le 21e siècle sera spirituel ou ne sera pas', comme étant une prophétie ?

Beaucoup parlent d'ailleurs d'une **grande ouverture de conscience** de L'Humanité et avec cela des êtres plus éveillés.

Je suis fasciné par le nombre de parents que je croise, qui m'expliquent que leurs **enfants sont surdoués** ou s'ils ont une culture ésotérique, **Indigos.**

Notre ère est tellement bercée dans les énergies d'amour et de l'univers que cela donne naissance à de nombreux Healers. **Des canaux d'une énergie supérieure**.

A l'inverse des anciens rebouteux qui estiment détenir ou être investis d'un don Divin, les Healers eux ne sont que des outils de l'énergie Divine.

Ce n'est donc **pas leur énergie propre** qui est en jeu, mais une force toute puissante, qui n'a aucune limite de la matière et de l'incarnation, imposée à l'Homme.

En Hypnose ce type d'explication, pour renforcer un argument, est nommé **une substitution**.

Si je vous dis que mes propos concernant le Reiki, par exemple, ont été exposés par Mikao Usui, si vous êtes adepte de cette pratique, vous avez de forte chance **d'accepter mes dires**, sachant que ce dernier est le 'fondateur' du Reiki.

Cette manière de faire est une **substitution de mes mots par une autorité supérieure** dont personne ne mettra en cause la réalité/force/conviction/impact.

Les Healers donc, sont pour la majorité d'entre eux, **initiés**. Je vais prendre dans un premier temps une méthode que je connais bien et dont je viens d'évoquer le nom : Le Reiki.

De nombreuses personnes aujourd'hui pratiquent cette méthode dans le monde et dans l'Hexagone. C'est même impressionnant de voir la manière dont cette technique s'est développée.

Qu'est-ce-que le Reiki ?

C'est une méthode de **soin dite 'Holistique'**, qui travaille sur le physique, le psychique et l'énergétique. Le praticien, comme le rebouteux, **impose ses mains** sur le client et fait circuler l'énergie Universelle (Rei : Universelle/ Ki : Énergie).

L'enseignement se fait au travers d'**Initiation** en 3 ou 4 niveaux selon les écoles.

Pour de nombreux 'Maîtres' de cette discipline (Maître étant un niveau, nullement un titre...) il est **impératif de suivre les initiations** pour pouvoir utiliser cette énergie et soulager les maux des clients.

Ces initiations sont de véritables rituels... Hypnotiques.

Je me permets d'en parler en connaissance de cause, j'ai la 'maîtrise' du Système Usui depuis une dizaine d'années, ainsi que d'autres branches du Reiki.

Les Initiations

En Reiki, l'initiation se passe individuellement ou en groupe. Le **coût des niveaux est assez variable** d'un professeur à un autre. Par contre le degré de Maître-Enseignant est **souvent très cher**, pour éviter qu'il n'y ait trop de succursales.

Entre chaque niveau il y a **un certain délai à attendre**, et pour ma part je trouve cela très bien. Il faut pratiquer un peu pour se mettre en phase avec une discipline.

J'ai vu des écoles initier du niveau néophyte à celui de Maître en moins de 6 mois.

Pourquoi pas, seulement la 'Maîtrise' en Energétique comme en Hypnose ou PNL passe avant tout par des heures de pratique, de compréhension et d'expérience.

L'initiation est donc un moyen de **transmettre la 'capacité'** de canaliser et repandre l'énergie de l'Univers.

Pour éviter des redondances je vais décrire ce qui se passe pendant l'initiation (En tout cas comme je l'ai appris) et je vous donnerai l'explication possible au travers de l'Hypnose. Je mettrai cette partie en italique pour que vous puissiez facilement faire la différence.

L'accueil des participants se fait, comme pour tous les séminaires en général, comme nous sommes dans un monde de bien être et qui plus est, ésotérique, il est possible qu'il y ait une **musique d'ambiance relaxante et quelques encens** qui brûlent.

*Nous retrouvons le principe purement 'inconscient' de la **Saturation des Sens et de suggestions** de bien être et de sérénité, nous créons **une ambiance hypnotique** où les repères de la vie 'rationnelle', donc du facteur critique, sont laissés à la porte.*

Je sais que certains enseignants demandent à leurs étudiants de prendre des vêtements avec des couleurs claires et si possible en non synthétique, pour **être plus en harmonie.** Vous sourirez sûrement de ce point de détail. Pourtant cela prend toute une importance en amont.

Le fait de créer **un cadre et une orientation** *de l'esprit avec une prise de 'responsabilité' de choisir les bons vêtements, met en place un principe que nous nommons* **'cohérence' en Hypnose.**

Ce principe est **un outil d'incitation** *à se mettre dans un cadre et d'accepter qu'en plus d'avoir payé l'initiation, nous acceptons pleinement les instructions et que nous souhaitons être* **parfaitement réceptif.** *Le subconscient est donc déjà en marche et ce programme à des possibilités infinies.*

Notez que pour ma part je n'ai jamais pris vraiment attention à ce type d'accessoires. Si l'énergie n'a pas de limite, en quoi la couleur ou la matière des vêtements pourraient jouer sur l'initiation.

Dans le premier degré, celui qui équivaut à notre première 'Transe' Reiki, il y a une phase de méditation.

La méditation est une entrée dans des ondes cérébrales en **Alpha**. *c'est-à-dire que la fréquence cérébrale se réduit par rapport à l'état d'éveil.*

Ce niveau est similaire à celui que nous utilisons en Hypnose. En Alpha, nous nous ouvrons à une **hyper suggestibilité.**

Après, les enseignants peuvent proposer l'Histoire du Fondateur. Toutes les Histoires, surtout dans le monde de l'énergétique, entraînent l'élève dans des histoires dignes des meilleurs Comics ou Manga. Soyons sincères, les créateurs de méthodes ont toujours **une vie incroyable** avec des 'éveils', 'illuminations' et autres 'rencontres incroyables'.

Ces histoires sont souvent utilisées dans l'Hypnose et nous nommons cette façon de faire, **l'art de la métaphore.** *Un des grands pratiquants, Mr Milton Erickson, en a fait un outil très puissant à la fois pour entraîner son partenaire en Transe (nous nommons cela Induire), ainsi que dans un cadre plus thérapeutique.*

Le subconscient de notre patient allant dans 'l'extraordinaire', pour **trouver des éléments 'ressources",** *pour atténuer ou transformer la problématique.*

Ce récit peut durer un certain moment et il y a une précision qui est importante, bien qu'aujourd'hui avec l'internet il y a moins le côté initiatique, le 'conteur' explique que c'est une histoire qui, initialement, ne se transmet qu'à l'oral **de maître à élève**.

*Cette technique est liée à la **notion d'exception,** elle permet de mettre en condition l'initié dans la logique de **reconnaissance du groupe**. C'est idéal pour utiliser le levier hypnotique de l'**effet mouton**. En effet, 'seuls ceux qui ont intégré le groupe Reiki ont appris cela, en plus j'ai appris/lu/découvert que les pratiquants de Reiki étaient capables de faire ceci ou cela, donc je suis capable comme eux'.*

Le séminaire d'initiation dure en général 2 jours. Il y a donc des médiations, des explications théoriques de l'application, des techniques utilisées, des mises en pratique... et les **différentes initiations.** Dans le courant que je suivais il y en avait 4 réparties par demi journées.

L'initiation est donc, à plusieurs reprises, abordée avec les **différents possibles** que cela va apporter. De plus, des mots comme Chakras, Corps Énergétiques, Vibrations et autres notions **peu rationnelles**, donc 'conscientes', sont abordées.

L'apprenant sait donc que pendant l'initiation il va pouvoir vivre du chaud/ du froid/ des vibrations/ des émotions exacerbées/ des hallucinations/ discuter avec un guide/ange/être de Lumière... Après cette initiation il sera capable de travailler sur lui, et de ressentir l'énergie en lui et autour de lui.

En sommes l'initiation va libérer des possibilités qui vont au delà de ce que l'initié peut même croire.

*Cette phase de **'seeding'**, c'est-à-dire d'ensemencement d'une idée qui avant même l'arrivée au week-end d'initiation a commencé au travers des livres, d'internet, des pratiquants, va être **nourri par l'instructeur** pendant toute la session. En somme, il y a des graines dans le subconscient de l'initié que l'on va arroser pour en faire un arbre. Proposer que la croyance puisse devenir réalité.*

*De plus, l'enseignant donne **la possibilité des champs**, en proposant les différents phénomènes, nous les **suggestionnons** aux personnes concernées.*

*En plus, imaginez bien que, vu le coût du stage et de ce que tout le monde a déjà vécu au travers de ces initiations, nous allons utiliser un autre outil puissant celui de la **'congruence'**.*

*Je l'explique souvent de la manière suivante. Vous achetez un produit à **un prix élevé et de marque**. Même s'il vous déçoit ou ne répond pas à vos attentes, vous trouverez tous les arguments possibles **pour vous 'rassurer'** afin de croire que l'investissement financier, voire émotionnel, était **'rentable'**. C'est avec le temps et parfois les années, que nous parvenons à dire que nous avons fait une erreur.*

L'initiation est un moment de nouveau **très rituel**. Je ne reviendrai pas sur ce qu'induit un rituel mais l'initié entre dans **une transe.**

Il fait une grosse **focalisation interne** qui va le couper de son conscient et le plonger dans le subconscient pour **'sentir' et 'vivre'** cette initiation au maximum.

Le 'Maître' lui, reste très **mystérieux**, il impose les yeux fermés (ce qui est très bien pour le **retour vers soi**), il fait des gestes autours (des symboles transmis **secrètement de génération en génération** jusqu'à l'arrivée d'Internet) et impose ses mains à différents endroits du corps.

*Nous sommes clairement dans **une mise en transe,** avec l'ensemble de **'suggestions' corporelles** pour développer **l'imaginaire** de l'initié et lui proposer un nombre important de sensations possibles.*

Il est à noter que **les mains** sont le plus souvent touchées et cela dans toutes les initiations à tous les degrés, ce qui construit **un ancrage**. L'ancrage est le **réflexe pavlovien** d'une réaction sur un stimulus. Là, dès que l'initié sent le contact sur ses mains ou le souffle, **il 'sait' que sa 'capacité' Reiki est activée,** ce qui l'entraîne dans **sa Transe Reiki** automatiquement.

WARNING Cette partie est Importante pour la compréhension du Livre WARNING

Vous trouverez un complément de cette explication dans la partie Annexe.

Il y a un élément que je souhaite éclaircir. Les états hypnotiques, que l'on nomme Transes, sont **inévitablement liés aux états émotionnels.**

Les émotions sont dans le Subconscient et leur expression est une **interaction de notre subconscient avec notre conscient. En** somme un dialogue hypnotique. **L'émotion construit une Transe.**

Les transes hypnotiques sont **quotidiennes** et nous les vivons dans différentes conditions, que ce soit pour répondre :

1- ***A une situation connue*** : *Nous activons un réflexe qui nous permet de 'gérer' la situation avec le minimum d'énergie possible et par conséquent nous entrons dans cette* **transe de confort.** *Je la nomme une Transe Mère.*

Exemple : *Je ne contrôle pas une situation : Je me mets en colère sur les autres que j'accuse de m'empêcher de gérer.*

2- ***A une situation inconnue*** : *Cette transe apparaît quand notre* **'Transe de Confort'** *n'est plus capable de donner une réponse adéquate. Nous allons dans ce cas trouver dans notre Subconscient une* **Transe de Pilier.** *Elle va venir* **'maintenir' la situation psycho-physique** *pour obtenir un résultat optimum pour* **'gérer '** *la situation.*

Exemple : *Je ne contrôle pas la situation, il n'y a personne autour de moi, je me retire de la situation.*

En complément de ces deux points, il y a **des transes d'apprentissage ou de connaissance** *que j'enclenche automatiquement par des réflexes (des ancrages).*

Exemple : *J'apprends que mes mains changeront de sensations quand j'entrerai en contact avec autrui pour lui envoyer une 'énergie', cette sensation se déclenchera automatiquement.*

*Nous pouvons lier cela à **des réflexes conditionnés.***

Nous passons au cours d'une journée d'une transe à une autre.

*__Exemple :__ Vous venez de vous faire remonter les bretelles par un ami ou collègue, votre état émotionnel est peut être tristesse, colère ou frustration. Vous êtes dans un lien émotionnel qui passe complètement **le 'bon sens',** en somme votre facteur critique. Vous êtes dans la Transe 'Tristesse', 'Colère ou Frustration'.*

*Si vous avec **une Suggestion dans cette Transe** qui **interrompt votre état** et lui propose une alternative comme un appel de l'homme ou la femme de votre vie, vous allez soudainement changer d'état émotionnel, donc de Transe.*

*Il y a certaines méthodes en Hypnose qui permettent de faire entrer le partenaire dans une émotion, pour **lui induire une transe.** Bien sur cette transe sera au départ focalisée, et c'est au praticien de réussir à lui suggérer une transformation ou une amélioration de sa transe.*

Maintenant vous avez compris que l'initié est capable de pratiquer sur lui, puis sur autrui. Il va simplement imposer ses mains et **se connecter** comme ce qu'il a fait pendant son Initiation.

Les exercices qui vont être répétés pendant le stage permettront de peaufiner la technique et les ressentis.

Vous observez donc que cette dynamique que je viens de vous proposer au travers du Reiki se retrouve dans de nombreux types de séminaires.

Je reprends mon expérience avec des pratiquants de la Reconnexion. Ce système, qui a été mis en place par Eric Pearls, initie une reconnexion à l'univers, à soi-même pendant des séminaires de masse. Il peut y avoir plusieurs centaines ou milliers de participants dans une arena.

*Notez que dans des effets de masses, nous retrouvons notre principe de **l'effet mouton**. Imaginez que vos co-disciples **ressentent des effets** lors du travail de l'orateur. Il y a de très fortes chances que, même si vous n'avez pas senti plus de choses que cela, **vous fassiez comme si**, jusqu'à vous persuader que cela existe.*

*Ne vous moquez pas de cette méthode, elle est très utilisée en hypnose thérapeutique, c'est le principe de **'to pretend'**, **faire comme si**. D'ailleurs, mes amis qui font de l'Hypnose de Scène jouent souvent avec ce principe. Ils mettent au milieu les personnes les plus réceptives, et en bout de rang les plus résistantes.*

Ces derniers font exactement comme les premiers parce que, soit **ils sont persuadés** que ça va marcher, soit **ils ont honte** d'être les seuls à rester dans un état 'd'éveil'.

Lors d'un salon, je me suis arrêté sur un stand de Reconnexion. Le praticien me demande si je veux sentir l'énergie de reconnexion. J'accepte et voilà la scène digne d'une hypnose de spectacle.

1- Il me propose de lever le bras et de tendre la main ouverte. (*Principe de **mise en catalepsie**, pour l'instant volontaire mais **les suggestions de focus interne** vont me **dissocier de mon bras** et me faire focaliser uniquement sur les sensations de ma main.*)

2- Il fait des gestes autour de ma main et il m'explique que l'énergie passe en fils énergétiques et qu'il est en train de les faire bouger. *(**Suggestion ainsi que saturation** : gestes + mots + focalisation sur mes sensations).*

3- Il m'interroge sur mes sensations et **me certifie que tout le monde est capable** de sentir cette énergie. (*Moi, en **catalepsie de bras** donc en Niveau 2 de transe, **focalisation interne et principe de mouton**, qui me dit en gros, si t'es pas capable de sentir, c'est que **t'es un peu nul** quand même, donc risque de me **culpabiliser**.*)

Nous avons cessé à ce moment là. Je lui ai demandé s'il démontrait à tout le monde de cette façon là. Il m'a répondu par l'affirmative, ce qui m'a vraiment confirmé qu'il mettait **un protocole hypnotique sans le savoir.**

Les Healers sont donc capables de calmer des douleurs et d'aider les personnes avec qui ils travaillent. Le processus hypnotique de praticien/patient est le même que celui décrit avec les Guérisseurs.

Notez que je ne dis pas que l'énergie de guérison n'existe pas. **J'ouvre la possibilité** que nous sommes certainement tous capables de développer seuls cette transe et qu'après il est difficile de savoir si c'est une suggestion ou une énergie.

La Voyance et la Médiumnité

Il y a de très nombreuses personnes qui prennent rendez-vous chez des médiums et autres voyants. Je sais qu'il y a une différence mais pour cette partie du livre, je les mettrais dans la même dynamique.

De tout temps, l'être humain consulte des Voyants pour découvrir ce que l'avenir réserve. A d'autres occasions, il y a besoin de rentrer en communication avec des 'âmes' pour régler des maux, avoir des réponses et nous pouvons passer par cet intermédiaire.

Il y a plusieurs types de Médiums/Voyants. Il y a d'une part ceux qui travail **au travers de support**, que ce soit les cartes, les boules de cristal ou les marcs de café par exemple. D'autre part il y a ceux qui ont **flashs directs** qu'ils soient auditifs cu visuels.

La première fois que je me suis plongé dans ce monde je devais être adolescent comme beaucoup d'entre nous. Une amie tirait les cartes. J'ai pris plaisir à beaucoup échanger sur ce sujet avec elle.

Je trouvais cela amusant et que les prédictions soient justes ou pas, la méthode était distrayante.

Quelques années plus tard, dans ma passion pour le Taoïsme et le Yiking je me suis penché sur la question. La vie étant ce qu'elle est en synchronicité, j'ai fait connaissance d'une Voyante.

Je l'ai observé et après lui avoir posé des tas de questions, je me suis acheté différents tarots divinatoires. Au bout de quelques mois de pratique et de retours positifs j'ai commencé à avoir un clientèle sur l'Internet.

Je prenais toutes les nuits 2 heures pour faire des consultations. Très rapidement je me suis aperçu que les **cartes ne servaient à rien** et que j'avais des mots qui se répétaient sans cesse.

Après avoir fait ça pendant plus de deux ans, j'ai arrêté, observant que **les consultants étaient dépendants de leur 'Voyant'.**

Ma rencontre avec l'Auto Hypnose m'a vraiment permis de voir **ces moments de 'canalisation'** de façon plus claire.

De façon général, un voyant va demander des éléments comme le nom, le prénom et la date de naissance pour construire **une connexion avec son consultant**. Puis il va lui demander les raisons de sa venue.

Cette aspect revient à **la mise en rapport** de PNL qui est basée sur trois aspects :

Synchronisation : cela nous permet de mettre le partenaire dans un état de confiance et de bienveillance dans notre cas.

Pace : Nous suivons ce que la personne exprime, son rythme, ses besoins, ses attentes.

Lead : nous reprenons la posture 'supérieure' dans laquelle nos mots auront une influence importante sur le client.

Le médium, après, sort soit son support, soit se connecte à des esprits.

Comme je l'ai expliqué dans le chapitre précédent, nous entrons dans **des transes très variées.** Quand on utilise un support **nous réactivons un 'ancrage'** c'est-à-dire notre réflexe Pavlovien, comme tout précédemment notre Healer qui ressent dès qu'il touche.

Le matériel du voyant sera donc une mise en transe, une reconnexion à sa partie subconsciente.

Note Importante :

Le Subconscient est lié à ce que l'on nomme **l'intuition.**

L'opérateur entre donc dans sa Transe et va laisser aller les mots et les images qui vont venir à son esprit. Je retire la notion d'étude des symboles comme peuvent le faire de nombreux tarologues.

Le bon rapport permet de faire ce que nous nommons de la lecture à froid et l'utilisation de truisme comme étant des vérités communes à tous. Je mets également cela de côté, je ne suis pas dans une démarche qui consisterait à dire que les voyants sont des charlatans, je ne le pense pas.

Par contre un bon rapport nous **induit un état hypnotique** qu'il est intéressant de comprendre. Vous pouvez le remarquer et le percevoir quand vous voyez un jeune couple.

L'un ou l'autre est capable de savoir à l'avance ce qui fera plaisir à son partenaire. Il peuvent anticiper et peuvent même savoir instinctivement ce que la personne a vécu ou ressenti.

D'ailleurs il n'est pas rare d'entendre des mots comme 'J'ai l'impression de toujours l'avoir connu' ou 'Il lit en moi comme un livre ouvert'.

Cela représente un **'Hyper Rapport'**. Les voyants pour la majorité ont la même faculté de rentrer dans ce rapport.

Pour ce qui est des Flashs d'avenir ou même allons un peu plus dans l'ésotérisme, les Médiums qui voient des entités, des esprits leur parler, ils entrent dans **une transe profonde**.

Souvenez-vous, dès que nous rentrons en Niveau 5 de la transe nous sommes capables de créer des hallucinations.
J'ai déjà réussi à faire voir des «êtres de lumière» qui avaient un message très important et très pertinent à transmettre à un de mes clients.

Mon client m'a clairement décrit sa forme et sa présence, les yeux ouverts tout en parlant avec moi.
Les mots qu'il entendait était aussi clair que ceux que je prononçais à ce moment là.

Il faut voir qu'en Auto-Hypnose nous sommes capables de rentrer dans les mêmes états à un niveau aussi profond que de nombreux Médiums et **être dans la capacité d'halluciner**.

Beaucoup me demanderont alors qu'est-ce-qui fait que tout le monde ne peut pas 'voir' l'avenir et faire comme les voyants.

Avant d'y répondre je souhaiterais mettre en garde sur la notion de voir l'avenir.

Vous, en tant que consultant, vous allez également être dans une transe, de plus, vous y allez pour attendre des réponses et si possibles que ces dernières conviennent à vos attentes.

Vous allez donc vous trouver dans **une transe en Réception.**

Une transe en réception est celle que nous utilisons particulièrement pendant une séance pour proposer des changements dans les programmes défaillants de nos patients.

Le client est dans un état où les suggestions vont se démultiplier et avoir un impact très fort dans son esprit. C'est pour cela que **nous faisons très attention à nos mots,** chaque mot ayant beaucoup plus d'impact que dans un état ordinaire.

Il y a un concept que de nombreux systèmes reprennent et qui semble se confirmer scientifiquement, ce que nous pensons impacte ce que nous vivons. Nos perceptions et même nos actes seront conditionnés par nos pensées.

Un exemple simple : vous vous levez le matin et vous vous dites que votre journée va être difficile, tout semble le confirmer et vous remarquez que vous partez au quart de tour à la moindre réflexion.

Vous vous levez avec la conviction que vous ferez de cette journée une belle journée, même les petits tracas vont disparaître et vous resterez focaliser sur le positif.

Imaginez donc ce que les mots d'un voyant peuvent donner comme suggestions à son consultant.

J'ai eu des patients qui me disaient être dans une énergie noire parce que leur voyant leur avait dit qu'on leur avait lancé un sort.

Le client ne faisait que vivre des moments affreux dans sa vie parce qu'il était persuadé que c'était la vérité. C'est très possible que quelqu'un ait fait un travail dessus, je ne remets pas cela en cause, mais je remets en cause la **suggestion auto réalisatrice** qu'on lui a mise en tête.

Je suis assez dur avec mes amis qui ne travaillent que dans l'ésotérisme pour cette raison. Beaucoup ont des vraies intuitions, de très bons feelings. Seulement, **ils imposent leurs perceptions aux clients.**

Comme **ils font figures d'autorités,** automatiquement les clients vont accepter la suggestion qui va leur être faite.
C'est un des principes utilisés dans de nombreuses techniques de 'vente' d'un concept.

Si je suis en blouse blanche ou si j'ai mis 10 diplômes de grandes écoles de ma spécialité dans ma salle d'attente, j'induis **une idée de 'supériorité' de connaissance** face à un consultant novice **qui attend** une réponse.

C'est ce que l'on nomme le **levier d'Autorité.** Il nous construit à tous une Transe.

Il suffit de voir dans quel état nous nous trouvons quand un agent de police nous arrête, même si nous n'avons rien fait. Automatiquement nous cherchons nos erreurs, ce qui ne va pas, en somme nous sommes dans une transe qui nous met en 'infériorité' par rapport à l'agent.

Les Thérapeutes de l'énergétique qui exprime des vérités comme : ' Tu as été violé enfant à l'âge de ..', 'Tes énergies sont basses à cause de...' et toutes ces perceptions qu'ils imposent à leur clients, **deviennent réalité.**

J'ai eu un client une fois qui m'expliquait avoir été violé à 6 ans. Quand je lui ai demandé de quoi il se souvenait de ce moment, il m'a simplement répondu que c'est son thérapeute qui a des dons de voyances qui à 'lu' cela en lui...

Il faut bien comprendre que l'esprit humain, est capable de **créer des faux souvenirs** pour aller dans la direction qu'on lui a proposée.

C'est pour cela qu'il y a une grande responsabilité des Voyants et pratiquants de Thérapies diverses.

Certaines personnes, donc, lors des séances voient et entendent des choses. Ce qui est très possible, **même la voix d'un défunt.**

En effet nous ne savons pas dans **quel état de transe** nous sommes capables de descendre surtout si le médium que nous consultons est reconnu.

De plus il suffit que l'une de nos connaissances aie vécu des choses extraordinaires pour que nous soyons capables de **créer la même chose.**

Il est intéressant de souligner que les histoires racontées sont **toujours exagérées.** J'ai remarqué que des personnes ayant vécu des transes assez classiques avec des minuscules phénomènes hypnotiques, n'hésitaient pas à utiliser des mots complètement **incroyables** pour décrire cette expérience.

Nous savons que par essence nous construisons des changements dans notre langage qui vont transformer l'impression initiale.

En PNL, ces variations sont nommées **des méta modèles**. En résumé, notre perception d'une situation va être filtrée de trois façons possibles par le lexique que nous utiliserons au moment de l'énoncé des faits.

Nous sommes donc capables de faire preuve de **distorsion** du message. C'est-à-dire que nous **modifions les faits** par des explications qui donnent de la cohérence ou de l'incohérence à ce qui a été perçu dans l'objectif fixé par l'émetteur du message.

Nous sommes capables **d'omettre** des éléments d'informations pour que le message prenne une ampleur particulière et que nous puissions donner un poids sur la véracité des propos.

Enfin nous sommes capables de **généraliser** ce que nous avons vécus pendant un instant, comme étant présent en permanence dans une séance par exemple.

Ces différents aspects de la communication vont **influencer les expériences** futures des consultants. C'est une logique de **suggestion**.

Cette suggestion va **se confirmer ou s'infirmer** en fonction de plusieurs choses. Il y a déjà la **personnalité de l'individu** qui reçoit l'information.

Il y a ceux qui resteront stoïques et qui de toute façon auront peu de chance de se retrouver chez un médium.

Il y a ceux qui ont déjà des connaissances qui sont allées chez un voyant et qui prendront les explications comme une **réactivation de l'ancrage** lié à cette discipline.

Il y a encore ceux qui sont passionnés par ce milieu et qui n'attendent que des **éléments complémentaires** pour **nourrir leur ancrage** positif vis-à-vis des phénomènes possibles qui se passent en séance.

C'est souvent ce dernier type de personne qui a le plus tendance à **entrer dans des transes profondes** avec des possibilités très importantes d'halluciner.

A la personnalité s'ajoute la **perception d'autorité** chez l'émetteur du message (Nous en avons déjà parlé précédemment). En effet, si le consultant qui énonce ce qu'il a vécu chez le voyant, est une figure d'autorité, de sérieux ou simplement il est admiré par le receveur de l'information, alors son **impact subconsciente va être extraordinaire.**

Il y a donc une forme de **préparation** avant les sessions chez les médiums. Ces derniers n'y sont pour rien, **la force de la suggestion** est en place et en développement chez chacun d'entre nous en fonction de nos cultures, de nos éducations …

Il arrivera donc très souvent que le conditionnement social et l'attente importante fassent entrer les clients dans des transes puissantes.

Dans ces transes, nous sommes très capables d'**entendre des voix qui n'existent pas**, voire même de faire changer le timbre de voix de notre partenaire.

Je prends un exemple simple. J'ai déjà en hypnose de rue suggéré à une personne en transe que tous les mots de ses amis allaient être en langue martienne.

Par conséquent, elle ne comprenait pas du tout ce que lui disaient ses amis. Elle ne pouvait entendre que ma voix en Français.

Quand elle est sortie de transe, elle nous a expliqué qu'elle **entendait clairement tout le monde** lui parler dans une langue qu'elle ne pouvait pas comprendre.

Sur le même type de principe, j'ai proposé que toutes les personnes qu'il y avait autour d'elle disparaissent et que moi, ma tête devienne une tête de chat.

Nous sommes d'accord que **le seul 'pouvoir'** que j'ai à ce moment là est celui de **la suggestion** et la chance que mon partenaire soit dans **une transe hallucinatoire.**

Cette découvreuse de l'Hypnose ne comprenait pas comment en un claquement de doigt **ses amis aient pu disparaître.**

En transe nous pouvons parler et échanger, donc je lui demandais ce qu'elle percevait, elle m'expliquait qu'elle ne voyait que moi, et encore dès que je claquais dans les doigts elle me voyait avec une tête bizarre.

Ce type de démonstration **ne fonctionne pas sur tout le monde** et a le mérite de prouver que nous pouvons avoir un échange sérieux qui ne montre en rien un 'changement d'état de conscience' alors que notre partenaire est en train de vivre des choses extraordinaires.

Comme je vous l'avais déjà dit j'ai également fait rencontrer des personnes mortes à certains de mes patients. Pour eux, au moment où je faisais entrer dans la pièce le défunt, ils le percevaient réellement.

Pourtant là encore, je n'ai pas fait appel à des entités, ni à un channel particulier.

En session de voyance, il y a beaucoup d'éléments qui peuvent montrer que c'est une transe et une suggestion claire ou construite par le médium.

Très souvent, les professionnels de la médiumnie ne le cherchent pas et il est possible qu'en lisant cet ouvrage, beaucoup n'adhèrent pas. Je le comprends, ce sont des explications qui peuvent perturber.

J'ai moi même travaillé avec ce que je nommais aussi des esprits, des entités, j'ai également eu des 'canalisations'.

Il m'arrive souvent après des jours de formations, quand je suis **vraiment en transe plusieurs jours** de suite, de sentir que je **me déconnecte complètement** de moi.

Il y a peu de temps cela m'est arrivé suite à deux jours que je supervisais. Il y avait eu beaucoup de travail, beaucoup d'émotionnel chez les apprenants et puis nous avions beaucoup avancé tous autant que nous étions.

J'étais dans **une transe profonde** depuis le début du second jour. Quand tous les apprenants furent partis, en discutant avec un ami j'ai commencé à totalement me dissocier.
Pour être plus clair, je sentais que ma partie consciente, analytique et en contrôle était en train de complètement lâcher.
En somme je laissais pleinement place à mon subconscient. Il faut noter que je travaille beaucoup en auto Hypnose, j'ai une habitude de contrôler encore mon subconscient pour ne pas perdre de vu **les objectifs de l'auto-séance**.

Dans cette phase de dissociation complète, je commence à parler de tout et de rien et en général si j'ai confiance dans les personnes avec qui je suis, je donne beaucoup d'indications sur des éléments de vie de mon partenaire du moment.

Dans ces transes, je vois et entends de nombreuses choses. Le plus amusant c'est que je donne **des réponses très précises** sur la vie de mon interlocuteur.

Je peux clairement sentir par moment que ce n'est plus du tout moi, c'est comme si une 'autre personne' parlait au travers de mes mots.

Je pense que pour le monde ésotérique cela est une forme de médiumnie voire de channeling. Pourtant c'est simplement **une connexion avec une partie de nous**, notre subconscient.

Les réponses que l'on donne sont justes et il y a même des tas de détails très clairs qui apparaissent.

Notre culture peut donner des explications plus ou moins précises sur ce phénomène. Certains d'entre vous pensent que ce sont des esprits, d'autres que c'est un lien avec les champs Morpho-géniques.

Tout le monde peut **donner des orientations**, personne ne peut donner de vérités. Je pense qu'avec l'hypnose et la compréhension que nous pouvons avoir avec **un hyper rapport**, nous sommes capables de comprendre les gestes, les mots, les émotions et par extension le passé des interlocuteurs.

Nous sommes programmés depuis notre plus jeune âge **pour comprendre notre environnement.** Que nous le souhaitions ou pas nous mémorisons les gestes, les expressions et même les micros expressions de notre entourage.

C'est une **faculté de survie** pour comprendre comment **nous adapter** à l'environnement dans lequel nous évoluons.

En transe, nous nous reconnectons avec notre subconscient et donc sur l'ensemble des apprentissages que nous avons eu depuis notre naissance.

Le Subconscient **mémorise absolument tout** ce que nous vivons, et nous les classons. La différence reconnue entre ceux qui ont une mémoire d'éléphant et les autres c'est simplement les chemins pour récupérer les éléments classés.

La Transe est un moyen de **réactiver ces chemins**, ces mémoires. Nous pouvons alors **refaire confiance** à cet instinct qui sait tant de choses.

Vous avez déjà remarqué que très fréquemment, votre **première impression** sur une personne se valide parfois même sur les décennies à suivre.

Nous sommes **un ordinateur sans faille**, simplement nous ne nous faisons pas confiance, pas suffisamment et le facteur critique va constamment nous limiter dans notre quotidien.

A cela les limites de l'éducation, de la société qui cherchent constamment **à nous mettre en doute,** nous oublions cette possibilité extraordinaire d'écouter la connaissance du subconscient.

Imaginez simplement un monde dans lequel tout ce que vous lisez, voyez, ne serait-ce qu'un instant, un moment, s'inscrive clairement dans votre esprit.

Que pensez-vous de cette capacité ? Imaginez le nombre de livres que vous avez lus, le nombre de films que vous avez visionnés. Vous rendez vous compte que toutes les émotions des personnes que vous avez croisées dans votre vie, vous les avez enregistrées, analysées, calculées. Vous savez comment tout le monde fonctionne et même les différentes possibilités émotionnelles suite à un mot ou un geste.

Seulement vous n'avez pas **le mode d'emploi** pour y parvenir à volonté. Ce que de nombreux médiums ont réussi à capter sûrement inconsciemment. Peut être aussi que les transes dans lesquelles ils entrent leurs permettent cette liaison entre le conscient et le subconscient.

Que vous soyez pratiquants de voyance ou simples consultants, n'hésitez pas **à noter dans quel état vous êtes** dans votre séance.

Prenez attention à vos émotions et à votre état psychique, que ce soit une force extérieure ou une force intérieure, qu'importe, entrer dans cet état de conscience qui modifie vos perceptions.

Les Near Death Experiences

Je ne suis pas expert en phénomènes de mort imminente. Cependant pendant une période, j'ai beaucoup étudié la question notamment en lisant **Raymond Moody.**

J'ai toujours trouvé ces décorporations et autres histoires du Paradis, de rencontres, passionnantes.

Lors d'une conférence sur les vies antérieures, une dame me disait que les NDE sont des réalités qui prouvent la vie après la mort et par extension les vies antérieures.

Pour moi ce n'est pas le cas, tout comme les vies antérieures ne peuvent être que **des symbolismes de notre être**. Nous facilitons l'acceptation du présent au travers de métaphores d'une vie passée.

Les NDE sont décrites très souvent comme des voyages de l'esprit quand médicalement le patient est mort.

Il y a en fonction des récits une sortie de corps, un tunnel de lumière, des rencontres avec des personnes qui sont déjà parties, parfois même des êtres de lumière ou religieux.

Certains voyagent au dessus des enfers et du paradis. Leur découverte est souvent vécue dans un état de bien être intense.

Tous ces éléments sont repérables au travers de quasiment tous ceux qui ont vécu une NDE.

Pour moi ce phénomène est une **forme de transe.** Et surtout une **suggestion culturelle.** En effet, au travers des ouvrages et des rencontres que j'ai pu faire les personnes rencontraient toujours un être de leur culture.

Par exemple chez les chrétiens il est courant de croiser St Pierre ou même Jésus. Chez les musulmans il y a de forte chance de voir Jibril ou Mohammed.

Un Bouddhiste ne verra jamais Jésus, ce qui nous donne une idée **sur les projections de nos suggestions** dans une autre partie de nous mêmes.

J'ai eu un patient qui a souhaité vivre une décorporation. Après une induction hypnotique, la personne était capable de me décrire la scène qu'il vivait en étant au plafond de chez moi.

Il ne percevait les choses qu'à distance de son corps. Je peux vous assurer que cliniquement il était vivant.

Nous sommes capables de vivre des choses extraordinaires. Fréquemment en revenant des NDE, on dit que les patients sont plus ouverts.

Ils sont plus ouverts à eux mêmes, ils communiquent mieux avec leurs intuitions, ils sont plus apaisés aussi. La plupart développent des dons de voyances, des dons de guérisons.

J'ai travaillé à mettre en place **des 'pouvoirs psychiques'** à des personnes proches, qui souhaitaient évoluer sur leurs travaux intérieurs.

Je me suis aperçu qu'avec des suggestions, nous pouvions facilement faire en sorte **qu'ils voient les auras,** qu'ils entendent même des 'esprits', qu'ils **développent leurs capacités à 'guérir'** avec leurs mains.

Là encore, il n'y avait aucun mysticisme, je travaille avec des symboles et des suggestions qui résonnent dans le monde de croyances du partenaire.

Le fait de 'mourir' ou de nous approcher de cet espace inconnu, nous projette dans **un lâcher prise** avec les normes de la vie. Nous arrivons dans une transformation de nos valeurs et par conséquent un changement de notre Identité.

Dans le monde de la PNL, il y a un praticien du nom de Robert Dilts qui a proposé un travail sur le changement avec ce qu'il nomme **les Niveaux Logiques**.

Pour lui, l'environnement peut être transformé par un changement de son comportement, le comportement peut évoluer grâce à une évolution de ses compétences.
Les compétences quand à elles vont changer par la mise en cause de ses valeurs. Les Croyances, elles, sont liées à l'Identité de l'être.

Nous pouvons modifier notre Identité par une remise en cause de nos valeurs et inversement, la transformation de ces dernières va influencer ce que nous représentons, ce que nous sommes.

Dans le cas d'une **proximité à la mort** avec tous les symboles que chacun d'entre nous a, nous sommes obligés de **remettre en cause notre Identité**, notre personne face à ce monde, mais également face à la vie.

Nous influençons nos croyances et nos perceptions vont se transformer automatiquement. Nous entrons dans des **valeurs d'écoute de notre propre essence de vie.**

Nous cessons de nous robotiser avec un facteur critique qui nous limite et nous nous connectons à notre Subconscient.

Certains, dans l'Hypnose, parlent d'une logique de **Supra Conscience.** Cette partie de nous qui supplante notre être.

Ils expliquent que dans des états de transes que nous pouvons parfois retrouver **dans certains rituels ou dans certaines méditations,** nous parvenons à nous reconnecter avec cette partie de nous.

Cette partie semble être à l'extérieur de la perception que nous nous faisons de nous-mêmes.

Je ne remets pas en cause les logiques déistes et les pensées nouvelles âges, je ne suis pas au niveau pour cela.

Simplement, il est possible avec d'autres moyens de faire vivre des choses tout aussi puissantes. Si nous reprenons certains miracles que nous voyons chez les Evangélistes, nous captons des **mises en transe extraordinaires.**

Nous sommes, dans l'Hypnose, dans une croyance qui explique que **la FOI est l'outil de transe le plus puissant.** Vous me demanderez certainement pourquoi.

Et bien **la Foi est par essence irrationnelle,** dans tous les Livres Saints, on invite le pratiquant à croire en une force que certain nomme Dieu.

Pourtant Dieu est impalpable, invisible. Il faut croire en ce qui est dit de lui et son omniscience sans que jamais la 'preuve' soit faite.

Il y a donc dans la Foi une réalité que **le conscient ne peut même pas admettre**. La religion, quelle qu'elle soit, entraîne dans des transes.

Les Dogmes permettent de suggérer des vérités, des orientations et les rituels sont **des ancrages** permettant de réactiver rapidement cette transe, pour sortir de la transe quotidienne, du travail, de la famille, des sorties, du sport...

En cela quand vous pouvez voir que les Evangélistes sont parmi les religieux qui font le plus de 'Miracles'.

Certains de leurs fidèles sont capables de recouvrir une santé, de danser alors qu'ils sont médicalement 'incapables' de le faire.

Je vais passer outre les différents éléments de mise en transe qui sont très proches de ceux que je vous ai exposés dans cet ouvrage.

Les Croyants ont donc un levier formidable avec la Foi pour démultiplier les transes, après, les rituels et les chants permettent **d'approfondir facilement.**

Certains donc remarchent, voient des Archanges, des Anges et même des défunts. Comme lorsque certains vivent des NDE.

Nous sommes encore dans **un cadre hypnotique**. Pourrions-nous dire que la voie du Seigneur, n'est qu'une transe profonde ?

Je ne peux, ni ne veux rien affirmer. Ce qui est intéressant c'est d'ouvrir le champ des possibilités.

Les Travers du monde Esotérique

Le monde de l'ésotérisme mène aussi à de mauvais travers. Il y a de nombreuses personnes qui décident de s'adonner à une pratique spirituelle voire plus ésotérique.

Comme je vous l'ai présenté au travers de cet ouvrage, nous sommes facilement dans **des états modifiés de conscience,** en somme dans des états hypnotiques.

Souvenez-vous que le point clef de cet état est de permettre **aux suggestions de mieux s'intégrer** dans le subconscient.

Dans mes rencontres, je me suis aperçu que certaines écoles ou organismes utilisaient des techniques de **'manipulations mentales'** cachées sous une démarche de développement personnel.

Bien sur ces personnes restent minoritaires et vous croiserez très souvent **des enseignants et professeurs de qualité qui souhaitent réellement vous aider** pour que vous avanciez vers votre chemin personnel.

Je vais vous proposer au travers des pages quelques éléments intéressants à prendre en compte **pour vous interroger** lorsque vous entrez dans un système de développement personnel ou spirituel.

Je vais utiliser pour cela le travail de Cialdini sur l'influence et la manipulation.

La Sympathie :

Vous allez rencontrer des personnes qui vont toujours être dans **une attitude très 'zen'**. Il y a une recherche dans leurs démarches, pour **être plus congruent** avec ce qui est proposé, il semble important de montrer un aspect de sérénité.

J'ai souvent été impressionné de la façon dont certains enseignants de systèmes ésotériques se présentaient comme étant des sages, des hommes et des femmes qui ont **'déjà' atteint** un certain niveau sur le chemin de l'évolution.

En général, vous allez les trouver particulièrement attentif et à l'écoute. Il est vrai que notre société ne nous laisse pas ou peu d'occasion **de pouvoir nous exprimer.**

Nous sommes souvent dans un monde où nous avons l'impression que personne ne prend attention à nous. Et pourtant c'est un des désirs les plus puissants chez l'être humain, être reconnu et accepté.

Les groupes 'nouvel âge' sont **particulièrement à l'écoute.** Comme la plupart du temps les futurs recrutés sont dans une connaissance très approximative des disciplines, il est très simple de faire croire que l'on a la 'VERITE'.

Il est naturel que nous puissions nous laisser aller. Très souvent, dans la sympathie, se développe **une logique de confiance.**

J'ai constaté que si une personne me trouve chouette, il est facile de lui faire 'croire' des choses sur des sujets divers pour deux raisons :

1- Elle ne maîtrise pas assez le sujet donc elle va **relâcher son facteur critique** parce que j'ai l'air de savoir de quoi je parle.

2- Je suis devenu sympa à ses yeux, ce qui me permet de me placer comme **référent** d'une croyance ou d'une 'science'.

Souvenez-vous, il est facile d'écrire sur une page vierge, beaucoup plus difficile de le faire sur une feuille pleine de gribouillis.

J'ai été amené à croiser des personnes qui avaient vraiment un cheminement spirituel très élevé et d'autres avec une maîtrise de leurs outils de développement impressionnante.

Ce qui m'a le plus marqué avec eux, c'est qu'ils ne disent pas des mots zen et sages.

Au contraire, ils étaient naturels, voire même pleinement commun et pourtant il se dégageait d'eux une vraie force, une vraie énergie positive.

C'est un peu la métaphore de celui qui doit mettre un costume pour paraître ce qu'il veut être et celui qui est nu laissant juste ce qu'il est vraiment.

La **gentillesse est très souvent travaillée** dans ce milieu là, si vous sentez que derrière, on souhaite vous vendre absolument un stage, une initiation ou autre, prenez un moment avant de signer.

Parfois on peut signer comme pour **'faire plaisir'** à la personne qui a passé tant de temps à nous écouter, nous orienter ….

La réciprocité / la congruence et la rareté.

Cet aspect est très marketing, vous le verrez souvent sous la forme de soirée gratuite d'initiation.

Ne vous en faites pas, toutes les découvertes ne signifient pas que vous allez dans un groupement sectaire. Je rappelle juste que c'est assez courant, pour les personnes qui souhaitent prendre du pouvoir dans ce monde impalpable, d'utiliser très souvent inconsciemment ce système.

Quand vous allez avoir une séance, un soin, ou une initiation pour évoluer dans votre cheminent intérieur ou pour devenir un guérisseur, **les intervenants insistent** sur la nécessité de prendre ce qu'ils proposent parce qu'il y a peu de place.

Souvenez-vous que **rien n'est rare.** Si vous loupez une session et bien vous pourrez en faire une, un autre jour.

Pensez que c'est aussi une machine marketing. Ne nous leurrons pas, l'ésotérisme est avant tout **un énorme business.** Ce n'est ni bien, ni mal, il faut juste le savoir.

Il est impératif de vous sentir libre dans cette démarche et sachez que parfois vous pouvez penser que c'est vous l'initiateur de la pensée alors que c'est simplement une **suggestion injectée**.

Maintenant je vais vous donner quelques points à prendre en compte pour éviter de tomber dans des doctrines avec de mauvaises intentions.

Prenons note que ce ne sont pas forcément les écoles qui sont mauvaises ou orientées, que parfois même le cheminement est très intéressant, **par contre les 'Hommes'** derrière peuvent facilement se perdre dans un désir de pouvoir et de contrôle.

Attention

Il y a de nombreux leviers pour faire en sorte de rendre **'dépendant'** à une organisation.

Je ne suis pas un expert dans ce domaine, je vais seulement vous proposer **quelques points d'attention.**

Nous sommes souvent **assez vulnérables** dans la recherche intérieure. Comme je vous le disais précédemment, nous sommes dans un monde où il existe de multiples chemins.

Nous allons nous approcher de divers courants en fonction de nos personnalités.

Faites attention **aux notions d'Autorité.** Qu'importe le système, il est indispensable qu'il n'y ait pas un 'maître' à suivre.

Bien sur pour donner une forme de sérieux, on vous parlera toujours de l'histoire d'un ancien qui a découvert des arcanes.

Cela n'a pas d'importance, dans l'absolu, il faut tenir compte des mystères et de l'influence que l'Histoire permet d'insuffler dans le subconscient du futur adepte.

Si votre futur enseignant joue **avec rapport d'autorité, et que tout le monde l'encense,** prenez garde. Ça ne signifie pas que la personne souhaite vous manipuler mais très facilement, chacun souhaite trouver son 'Guru'.

Je n'utilise pas ce mot de façon péjorative, mais plus dans la recherche d'un 'maître' pour qu'on montre le chemin.

Si vous avez l'impression que **les coûts sont exorbitants,** vérifiez au maximum l'ensemble des informations sur le contenu du stage. N'hésitez pas à vous rapprocher d'anciens pour avoir des éléments complémentaires.

Bien sur, souvent vous irez sur le net, et il y a 90% de chance que vous trouviez l'école ou la discipline répertoriée dans le listing des sectes.

Pas de panique, j'ai l'impression que toutes les démarches spirituelles ou ésotériques y sont. Comme je vous le faisais remarquer c'est parce que **certains Hommes peu scrupuleux** ont fait des choses peu recommandables.

Pendant les séminaires prenez bien **attention à vous reposer.** Si vous avez des professeurs qui font tout pour vous tenir éveillés, voire vous font boire (et oui même dans le développement personnel, on aime parfois boire).

Pourquoi faire attention au sommeil ? Simplement parce que nous cumulons les informations (des unités messages) dans notre facteur critique.

Tout au long de la journée, nous remplissons ce sas et la nuit, **nous nettoyons les unités messages.** Ce qui nous permet le matin de recommencer avec notre facteur critique vierge et neuf.

Cette théorie est de John Kappa, un grand monsieur de l'Hypnose aux USA. Imaginez donc, si vous limitez le sommeil, **vous limitez donc ce nettoyage**.

Ce qui fait que, le lendemain **vous allez rapidement saturer**. Et si votre facteur critique sature que se passe-t-il ?

Vous tombez dans une transe... TOUT ce qui va être dit et répété pendant le stage deviendra **des suggestions.**

C'est une des façons de nettoyer le cerveau. La répétition deviendra un 'seeding', c'est-à-dire une graine que vous allez faire évoluer à force de revenir dessus.

Les méditations de début de journée sont de très bons moyens pour faire entrer les apprenants en Transe. Ils seront donc dans un état de réceptivité développé.

Là encore, je ne dis pas que toutes les formations qui proposent cela, aient de mauvaises intentions. Je souhaite simplement que vous puissiez prendre conscience de ce que vous allez vivre.

Il y a énormément de **professeurs bienveillants** qui passeront des messages, de paix, d'amour et de réussite.

Si vous n'êtes pas certains de ce qui va être dit, n'hésitez pas à enregistrer.

J'ai même eu écho que dans certaines formations en résidentiel, **ils interdisaient le contact avec l'extérieur,** en prenant les portables.

N'oubliez pas, la recherche de soi ne doit pas être une prison, **pensez toujours liberté.**

Faites constamment confiance à votre instinct et à votre transe mère qui va vous permettre de réellement vous protéger.

Ces quelques points pour vous faire prendre conscience que vous allez devoir connaître les règles avant de plonger dans un monde dans lequel vous laisser **votre subconscient à disposition** de personnes que vous ne connaissez pas encore.

La recherche de réponses, la discipline et le bien être ne doivent pas être des chemins qui vous font perdre ce que vous êtes.

N'hésitez pas à **définir les objectifs** que vous avez avant le stage, et à bien voir si ce qui est proposé est écologique avec vous et votre mode de vie.

Un changement est valable si vous pouvez le mettre en place dans votre écosystème intérieur et externe.

Conclusion

Cet ouvrage est un premier tome d'une série que je continuerai si vous souhaitez découvrir encore d'autres explications sur les différents phénomènes qui existent, par le filtre de l'Hypnose.

Pour moi la notion de **Transe est le rouage essentiel** à tout ce qui concerne la vie de façon générale. Nous nous rendons compte que chaque instant nous transporte dans **un état émotionnel différent.**

Depuis la nuit des temps, des phénomènes étranges se passent dans la vie de tout à chacun. Des êtres sont initiés à des méthodes, d'autres deviennent des utilisateurs de pouvoirs hors normes.

Pour moi, **tout le monde est capable** de faire des choses comme vcir l'avenir, soigner les êtres, lire les auras ou ressentir des esprits.

Ce ne sont pas des dons mais **des facultés inhérentes à des transes.**

Comme nous pouvons être naturellement doués dans une discipline, nous pouvons avoir des facilités pour entrer dans des transes diverses.

Seulement chaque personne par le biais de disciplines diverses comme la méditation, la prière, la foi... peut découvrir la transe qui lui permettra de **développer des 'facultés'.**

Aujourd'hui, je pense que l'Hypnose est une discipline qui propose parfaitement un chemin pour aller vers des phénomènes nouveaux.

Bien sur cela demande du travail, de la répétition, des questionnements. Je crois cependant que c'est un chemin plus 'logique', **plus 'rationnel' d'accepter simplement son Subconscient.**

Comme une possibilité simple d'accorder ce Conscient et ce Subconscient.

Aujourd'hui au 21e Siècle, nous sommes dans une ère de tous les possibles. Devenez l'être que vous souhaitez...

le 22 Mars 2013
Le Chesnay

Pank

Annexes

Voici un article complémentaire concernant la notion de Transe Mère et Transe Pilier.

Pour une meilleure compréhension de ce qui suit, il faut une certaine compréhension de l'Ennéagramme et de l'Hypnose.

Nous avons selon les tendances que nous suivons des définitions variables de l'Hypnose.

Aujourd'hui, suite à de nombreuses rencontres, de formations, de lectures et surtout de sessions avec mes patients, je me dis que nous pourrions aborder l'hypnose d'un autre angle.

J'ai observé que nous pourrions appliquer les notions de transe, c'est-à-dire d'état hypnotique, à beaucoup plus de moments que ce que nous nommons des transes quotidiennes.

Toute connexion à une émotion entraîne automatiquement une modification de l'état de conscience. Après, nous avons le choix de contenir ou de refouler l'émotion, par conséquent de garder notre conscient en Leader de l'interaction Conscient-Subconscient.

La transe ne débute qu'à partir du moment où le Subconscient, donc l'émotion, supplante la capacité de contrôle du Conscient.

En somme :

État d'éveil Conscient : Le Conscient lead le Subconscient
État Hypnotique : Le Subconscient lead le Conscient.

Pour aller un peu plus loin, nous pouvons donc constater que chaque changement émotionnel que nous vivons au cours d'une journée est une mise en transe spécifique.

Nous retrouverons donc des Transes de Joie/Tristesse, de Sérénité/Colère, de Courage/Peur, d'Egoïsme/de Don ... Chacune des émotions et facettes de notre personnalité, en fonction des situations et des moments, nous fera entrer dans une transe.

A savoir que nous avons quand même des Transes Mères. C'est-à-dire que nous avons des Transes primaires qui se mettent en action pour nous plonger dans une zone de confort, cela nous évite de construire, avec le Conscient, une Stratégie d'adaptation dont le but unique est de nous conforter dans un système connu et confortable.

Ces Transes Mères sont celles que nous trouvons dans nos personnalités et si nous recoupons avec l'Enéagramme, nous pourrons saisir que nous avons des bases de personnalités qui représentent des Transes Mères, celle de confort (même si elle peut sembler destructrice).

Prenons l'exemple d'une Base 7 en Enéagramme, nous savons que sa transe l'entraîne dans l'amusement, le non engagement, dans le but d'éviter la souffrance. Un homme 7 pourra arriver dans une soirée avec l'objectif de dialoguer avec une personne précise et il y a de fortes chances que sa transe prenne le dessus par rapport à l'objectif qu'il s'est fixé et qu'il en profite au maximum pour s'amuser et se divertir.

Sa Transe Mère va le faire réagir de façon similaire dans toutes ces situations, en somme elle réactive un Pattern Connu et sécurisant.

Les Transes Mères vont être soutenues par des Transes Piliers. Ce second type de transe supporte la Transe Mère pour garder une notion d'équilibre ou en tout cas de cohérence de la personnalité. Si la transe primaire est dépassée et qu'elle buggue, la transe pilier va prendre le relais.

Prenons l'exemple d'une personne qui est dans une Transe de Perfection, si les éléments qu'elle met en place n'apportent pas le résultat escompté, dans un premier temps elle peut rester dans sa transe primaire et trouver un fautif à l'imperfection, ou éventuellement faire une fixation voire une obsession.

Admettons que rien n'apporte de solution, il y a de fortes chances que la Transe se modifie en Transe de Colère voire de Déni, et il est possible que la personne cache, ou mette de côté, ce qui est un 'échec' pour ne pas admettre justement que c'est un échec, et il pourra y avoir une excuse du genre : 'Je n'ai pas eu le temps de me pencher dessus', 'Je l'ai perdu', 'C'est complètement stupide comme chose, je n'ai pas de temps à perdre sur cela'.

La Transe Pilier est vraiment un support dès que la zone de confort commence à s'éloigner.

Je suis certain qu'il y a d'autres Transes en lien à la Transe Primaire et Pilier, pour l'instant je ne peux pas donner plus d'éléments sur ce sujet.

Par contre il y a un autre type de transe, que je nomme Transe Théâtrale. Je trouve que le meilleur exemple peut être pour les personnes qui travaillent par exemple en Magnétisme.

Il y a eu tellement de suggestions durant leurs apprentissages, sur les différentes sensations qu'ils vont pouvoir sentir au moment du contact avec le partenaire, que dès qu'ils touchent une personne, ils activent directement cette transe avec l'ensemble des modalités assimilées et acceptées.

Ce Type de Transe est très courante dans le monde des acteurs, qui, une fois sur les planches Switchent complètement leur Conscient pour n'être qu'un autre, avec un ensemble d'émotions et de ressentis assimilés.

Ce petit texte pour dire qu'avec cette perception des choses, nous pouvons facilement induire la Transe Mère à nos patients, amis, camarades, quand ces derniers viennent nous voir, en mettant en avant une transe secondaire dissonante. Prenez une personne qui est sur une Transe Mère d'amour par le don (une base 2) si elle vient pour un problème de confiance en elle. La Transe Dissonante est présente durant votre Anamnèse, il vous suffit de la reconnecter à sa Transe mère, en lui disant que ça vous fait plaisir qu'elle soit aussi claire sur son problème et automatiquement elle va entrer dans cette zone de confort, il nous suffira donc de faire notre séance.

Nous pouvons pour les styles plus provocateurs, les faire entrer dans des transes dissonantes, pour amplifier l'émotion, puis une fois sa transe en place, c'est-à-dire le conscient ne maîtrisant plus, nous réorientons, nous interrompons le schéma.

Remerciements

Valérie : qui m'a donné l'idée de ce livre par le biais des conférences qu'elle me propose mensuellement. Qu'importe que ce soit de la médiumnie ou de l'Hypnose, l'important est la qualité que tu donnes dans tes consultations.

Christine : qui supporte mes écrits plein de fautes, qui est toujours là sur tous les projets, à qui je ne laisse pas une seconde pour profiter de sa jubilation.

Tristan : Un ami et un professeur dans ce monde, avec qui je peux échanger sur cet ésotérisme. Qui accepte mon coté virulent qui remet sans cesse en cause ce que les anciens nous enseignent.

Les Anciens : Tous les Anciens que j'ai rencontrés dans ma vie. Ces inconnus qui sont venus m'enseigner la vie, me remettre en question. Ces Anciens qui m'ont pris quelques heures, quelques jours, quelques mois sous leurs ailes pour m'enseigner leurs techniques, leurs connaissances, sans jamais se lasser de mes questions piquantes.

L'équipe HnO : qui supporte les idées de l'association, qui va de l'avant.

Hype-N-Ose

Hype-N-Ose (HnO) est une association de pratiquants et de praticiens en Hypnose et Thérapies Brèves.

Notre but est de rechercher, développer, pratiquer et diffuser sur ces sujets.

Pour ce faire, nous utilisons plusieurs leviers : des formations, des cabinets ouverts, de l'Hypnose Urbaine, des livres, des audios...

Nous organisons des formations en Hypnose Classique Curative ainsi que des ateliers en thérapies brèves.

L'Hypnose Classique Curative est une discipline de synthèse et intégrative. L'hypnose est un vaste monde avec des écoles, des styles et des tendances.

Plus qu'un style, nous souhaitons intégrer, sur les bases communes de l'hypnose, une ouverture globale.

Nous organisons des cabinets ouverts, dans le but de faire découvrir l'aspect curatif au plus grand nombre.

Toutes les semaines nous organisons des sorties Hypnose Urbaine. Nous y invitons des praticiens mais aussi des amateurs.

Le but étant de faire connaître, dans un autre contexte que le soin, ce qu'est l'Hypnose.

Cette expérience humaine est extraordinaire. Nous pouvons dissiper les à-priori et faire vivre des expériences agréables aux passants.

Vous pouvez trouver plus d'informations sur ce que nous mettons en place sur : www.hype-n-ose.com

Nous avons mis en place un site de Mp3 d'Hypnose pour faire vivre des micros séances. Vous trouverez des informations sur :
www.hno-mp3-hypnose.com

Si vous souhaitez nous rencontrer, échanger, partager, n'hésitez pas à nous contacter :

Mail : hype.ose@gmail.com
YouTube : Hype-N-Ose
Facebook/ Twitter: Hype N Ose

Lexique

AVERTISSEMENT : Ce lexique est propre à l'auteur et à HnO.

Les définitions étant tellement différentes entre les écoles et les Praticiens, que nous vous donnons le sens dans lequel les mots sont utilisés dans le présent ouvrage.

Hypnose : Discipline et état qui se définit comme un contournement du Facteur Critique.

Hypnotist : Praticien en Hypnose.

Transe : Etat produit lorsque vous êtes en connexion Conscient/ Subconscient.

Conscient : Esprit Rationnel et Analytique, mémoire à court terme, Volonté.

Subconscient : Emotions, mémoire à long terme, Habitudes, protection.

Inconscient : Fonctions Immunitaires et Fonctions Vitales du corps.

By Pass : Contournement du Facteur Critique.

Pont : Représente un By Pass.

Facteur Critique : Sas d'informations qui intègre ou rejette les données au niveau du Subconscient.

Ancrage : Assimilation d'un stimulus à une réponse, par exemple, la Madeleine de Proust ou le Chien de Pavlov.

Ancrer : Construire une réponse subconsciente enclenchée par un mot, un geste, une image.

VAKOG : Nos canaux de communication se basent sur nos sens. Nous pouvons être Visuel/ Auditif/ Kinesthésique/ Olfactif/ Gustatif.

Emerge : Faire sortir son partenaire dans sa transe.

Régression à la cause : Entraîner le subconscient de son partenaire vers les origines de ses maux.

Seeding : Technique de répétition dont le but est de ne plus être analysé par le facteur critique, permettant ainsi à l'information de 'pousser' comme une graine plantée.

Signaling : Mouvement Idéo Moteur qui nous permet d'avoir un geste réflexe correspondant à une réponse basique comme oui ou non.

Robert Dilts: Auteur et formateur en PNL, il est de la deuxième génération et à monter tout un travail sur les niveaux logiques.

Ormond Mc Gill : L'un des plus grand Hypnotist de Scène des Etats Unis, il a été considéré comme le doyen de l'Hypnose. Il montait sur scène à 70 ans.

Auto-Hypnose : Technique de travail personnel qui permet d'entrer en transe et de développer son potentiel subconscient.

Liste de Praticiens Hype-N-Ose

Nom : Cecile Noll
Ville : Férolles Attilly (77)
Contact : 06-09-79-62-28

Nom : Kerstine Koppers (Certifiée HnO)
Ville : Montigny le Bretonneux (78)
Contact : 06-62-83-32-83

Nom : Django Gassama
Ville : Lognes (77)
Site Web : http://coach-in-mental.jimdo.com
Contact : 06-89-10-92-46

Nom : Jimmy Huvet
Ville : Paris (75)
Site Web : http://hypnotherapie-coaching.vpweb.fr
Contact : 06-03-34-82-68

Nom: Irène Cazanave (Certifiée HnO)
Ville : Paris (75)
Site Web : www.lemondetvous.net
Contact : 06-34-20-21-56

Nom : Christophe Pank (Certifié HnO)

Ville : Le Chesnay (78)

Site Web : www.delta-bien-etre.com

Contact : 06-62-30-45-17

Nom : Elodie Cassar (Certifiée HnO)

Ville : Senlis (60)

Site Web : http://ose-vous.e-monsite.com

Contact : 06-522-502-95

Nom : Js Op De Beeck (Certifié HnO)

Ville : Bruxelles, Belgique

Site Web : www.tb-hc.org

Contact : js.opdebeeck@gmail.com

Nom : Caroline Lavenant

Ville : Montpellier (34)

Site Web :http://solution-hypnose.com

Contact :lavenantcaroline@gmail.com

Nom : Pierre Yves Hamel (Certifié HnO)

Ville : Jouars Ponchartrain (78)

Contact : pyroeclips@hotmail.com

Les Instituts de Formations en France

Hypnovision et Hypnose Avancée NGH :
Mme Lee Pascoe
Enseignement : Méthode Silva/ Hypnose et beaucoup de méthodes complémentaires

Téléphone : 02-32-34-45-42
Mail : lee@hypnovision.net
Site Internet : http://www.hypnovision.net/

Hype-N-Cse :
Enseignement : Hypnose Classique Curative/ PNL/ Hypnose Urbaine

Téléphone : 06-62-30-45-17
Mail : hype.ose@gmail.com
Site Internet : http://www.hype-n-ose.com

IFHE :
Enseignement : Hypnose Ericksonienne/ Hypnose Humaniste

Téléphone : 01-43-06-00-00
Mail:contact@ifhe.net
Site Internet : www.hypnose-ericksonienne.com

ARCHE :

Enseignement : Hypnose Ericksonienne/ PNL/ EFT

Téléphone : 01-53-16-32-75
Mail: info@arche-hypnose.com
Site Internet : www.arche-hypnose.com

Phenix Institut :

Enseignement : Hypnose/ PNL

Téléphone : 04-93-69-97-10
Site Internet : www.phenixinstitut.com

Ecole Centrale d'Hypnose :

Enseignement : Hypnose Ericksonienne

Téléphone : 01-40-33-01-14
Site Internet : www.ecole-centrale-hypnose.fr

HypnoContact :

Enseignement : Hypnose/ PNL/ Auto-Hypnose

Téléphone : 06-12-57-33-91
Site Internet : www.hypnocontact.com

www.ingramcontent.com/pod-product-compliance
Lightning Source LLC
Chambersburg PA
CBHW070206290526
45789CB00002B/928